Alex Strunk

W0068075

DIE QUAL DER WAHL

Ehe, Beruf & Co. Was die Bibel über Entscheidungen lehrt

Falls nicht anders vermerkt, sind die Bibelstellen der Elberfelder Übersetzung 2003, Edition CSV Hückeswagen, entnommen.

1. Auflage 2024

© der deutschen Ausgabe CLV
Christliche Literatur-Verbreitung e.V.
Ravensberger Bleiche 6 · 33649 Bielefeld
Internet: www.clv.de

Satz und Umschlag: Ertelier (Ljubow Ertel, Bulgarien)
Grafiken: Ertelier (Ljubow Ertel, Bulgarien); Freepik.com:
freepik, rawpixel.com, sentavio
Druck und Bindung: FINIDR, s.r.o., Český Těšín, Tschechien

Artikel-Nr. 256425
ISBN 978-3-86699-425-6

Einleitung.................................. 6

Chronische Unentschlossenheit

»Generation Maybe« 8

Gott liebt Entscheidungen 11

»Glückselig sind, die nicht gesehen
und doch geglaubt haben!«..................15

Die Angst vor Fehlentscheidungen 19

Der beste Ratgeber: Gottes Wort.............26

Ausbildung, Studium und Beruf

Anfänger und Vollender 32

Exkurs über Frauen und Beruf 46

Eine weitreichende Entscheidung: Ehe und Partnerwahl

Aber was ist, wenn …? 50

Gott lässt nicht mit sich spielen 53

Die Sache mit den Gefühlen 55

Liebe ohne Gefühle? 63

Liebe ist mehr als ein Gefühl 66

Das Hohelied der Liebe 70

Das Recht, Nein zu sagen .72

Zerbrechliches Gegenüber 76

Nur im Herrn muss es geschehen 77

Die Betonung der Individualität 79

Fazit 84

Einleitung

Die *Eastman Kodak Company* war ein multinationales Unternehmen, das ab Mitte des 20. Jahrhunderts zur Weltmarke avancierte. Kodak zählte zu den bedeutendsten Herstellern von fotografischer Ausrüstung und Filmmaterial. Es wurden Milliardenumsätze generiert und die neuesten Kodak-Technologien revolutionierten die Film- und Fotobranche. 1976 besaß Kodak einen Marktanteil von etwa 90 % aller Kameraverkäufe innerhalb der USA und auch grenzüberschreitend eine nahezu beherrschende Monopolstellung.

Ein paar Jahrzehnte später, am 19. Januar 2012, unterzeichnete die Geschäftsführung einen Insolvenzantrag. Man veräußerte kurz darauf die gesamte Filmproduktion. Kodak verschwand vom Markt und endete in der Bedeutungslosigkeit.

Was war geschehen? Obwohl alle Vorzeichen gut standen, konnte sich das Unternehmen nicht rechtzeitig von der analogen Fotografie trennen und verpasste den Umschwung ins digitale Zeitalter. Paradoxerweise galt ausgerechnet Kodak dort als Vorreiter und entwickelte sogar die erste Digitalkamera. Es wurden enorme Summen in Forschung und Entwicklung gesteckt. Außerdem wurde eine groß angelegte Marktforschung finanziert, welche die Ablösung des Fotofilms durch die Digitalkamera unmissverständlich prognostizierte. Es fehlte also weder an Wissen noch an Mitteln und bei alledem hatte man zudem auch die richtigen Ideen und Konzepte.

Schlussendlich legte man sich einfach nicht rechtzeitig fest. Es fehlte ein klarer Entschluss und der endgültige Mut seitens der Unternehmensführung. Anders ausgedrückt: Es fehlte an Entschlossenheit. Sich nicht zu entscheiden ist eben auch eine Entscheidung. Oftmals aber die falsche.

Chronische Unentschlossenheit

»Generation Maybe«

Die heutige Jugend wird von Soziologen auch als »Generation Maybe« (in etwa = Generation der Unentschlossenen) bezeichnet. In einer Welt der Entscheidungsfreiheit und unbegrenzten Wahlmöglichkeiten sind viele Menschen überfordert, eine Entscheidung ganz konkret zu treffen. Während man damals in ein Café ging und Kaffee bestellte, hat man heute die Wahl zwischen

Vielleicht stellt uns die Getränkewahl zwar noch vor keine großen Probleme, aber sobald es tatsächlich um wichtige, elementare Dinge geht, kommen viele aus dem Grübeln nicht mehr heraus.

Wenn wir unsere Eltern oder Großeltern danach fragen, wie sie sich damals für ihren Beruf entschieden haben oder sich auf ihren Ehepartner festlegten, hört sich das für uns oft nach einer realitätsfernen Vergangenheit an. Die Herangehensweise war dabei so banal, dass wir umso erstaunter sind, wenn sich die Entscheidung dennoch als richtig erwiesen hat. Waren unsere Eltern und Großeltern naiv und hatten einfach großes Glück? Oder ist uns etwas abhandengekommen, was vorherige Generationen über Jahrtausende besaßen?

Es gibt eine einfache Erklärung dafür, warum es vielen Menschen schwerfällt, entschieden zu handeln: **Jede Entscheidung, die wir im Leben treffen, hat Konsequenzen.** Die meisten Entscheidungen haben kleinere Konsequenzen (z. B. »Was ziehe ich heute an?«), aber es gibt auch tägliche Entscheidungen mit großer Auswirkung. Da wir niemals den Ausgang einer Entscheidung im Detail vorhersagen können, birgt jede Entscheidung ein gewisses Risiko. Deshalb müssen wir mit jedem Entschluss auch eine gewisse Verantwortung übernehmen.

Beispiel: Wer ein älteres Auto kauft, spart Geld gegenüber einem neueren Fahrzeug. Man nimmt aber auch das Risiko in Kauf, dass das erworbene Eigentum schon bald eine teure Reparatur benötigt. Mit der Entscheidung für das Auto übernimmt man gleichzeitig auch Verantwortung für die Verwendung der finanziellen Mittel, die man aktuell und zukünftig zur Verfügung hat. Eine Entscheidung zu treffen, die absolut sicher ist und sich im Nachhinein auf keinen Fall als Fehlentscheidung entpuppt, ist somit nicht möglich.

Da das Übernehmen von Verantwortung nicht einfach ist, scheuen sich viele vor Entscheidungen. Man trifft lieber keine Entscheidung, bevor man eine falsche treffen könnte. Doch ist diese Vorgehensweise biblisch und im Sinne Gottes?

Auf den folgenden Seiten möchte ich den Fokus von der Sachebene einer Entscheidung weglenken auf das Innere von uns Menschen. Wichtiger als eine haarkleine Analyse der Umstände ist der ehrliche Blick hinter die eigene Fassade durch das Hinterfragen unserer Motive. Wir alle sind Meister darin, einen egoistischen Wunsch fromm zu verpacken. Wenn wir unsere Motive und Absichten aber wirklich kennen und entlarven, wird es uns wesentlich leichter fallen, die Sache an sich zu beurteilen, um eine gute Entscheidung treffen zu können.

Gott liebt Entscheidungen

Es entspricht Gottes Natur, Entscheidungen zu treffen. Außerdem hat er den Menschen dazu bestimmt, ebenfalls wählen zu können. Während Tierwesen triebgesteuert sind und in Instinkten feststecken, dürfen Menschen tagtäglich Entscheidungen treffen. Das ist ein enormes Privileg. Es hebt uns von allen anderen Lebewesen ab. Und: Gott fordert dies ein! Es hat ihm gefallen, unseren eigentlichen Lebensinhalt, unsere Bestimmung und ewige Existenz ausgerechnet an eine Entscheidung zu knüpfen. Das Wichtigste im Leben überhaupt hat Gott mit einer Entscheidung verbunden: Gott fordert jeden Menschen zu einer Wahl für ihn auf. Die Bekehrung zu Jesus Christus ist ein Akt der Entscheidung (zumindest aus der menschlichen Perspektive).

Und das Fatale dabei ist: Die meisten Menschen werden nicht wegen einer Fehlentscheidung in der Hölle festsitzen, sondern weil sie sich überhaupt nicht entschieden haben. Die Anzahl der Agnostiker – das sind solche, die sich bezüglich einer Existenz Gottes nicht festlegen wollen – ist heutzutage fünfmal höher als die Anzahl der Atheisten, welche das Dasein Gottes vehement leugnen. Auch wenn die Bibel lehrt, dass jeder Mensch schon von Natur aus Gott ablehnt (vgl. **Röm 3,10-11**) und somit der Agnostizismus letztlich auch nur eine andere Form der Rebellion gegen Gott ist, so zeigt sich hierin dennoch deutlich, dass die Unentschlossenheit des Menschen nicht weniger dramatisch ist als die Konsequenz einer Fehlentscheidung.

Gott will also, dass wir Entscheidungen treffen und die damit einhergehende Verantwortung übernehmen. Die Ausrede »Ich konnte mich so schlecht entscheiden!« wird vor Gott nicht gelten. Genauso hat Gott auch andere Dinge in unsere Hände gelegt und diese abhängig von unserer Entscheidung gemacht. Will ich Jesus nachfolgen? Will ich meinen Freunden von Jesus erzählen? Will ich gehorsam sein? Will ich Gott dienen? Wer es sich leicht machen möchte, trifft hierbei keine Entscheidung – Konsequenzen wird es aber dennoch geben.

Als Josua damals zum Volk Israel sprach, legte er ihnen zwei Optionen vor. Er rief: **》》** *... erwählt euch heute, wem ihr dienen wollt!* **《《** (Jos 24,15). Sie mussten sich zwischen Gott und den Götzen entscheiden. Unabhängig von ihrer Wahl fährt er in dem bekannten Vers fort: **》》** *Ich aber und mein Haus, wir wollen dem HERRN dienen!* **《《**

Wir müssen wieder neu verstehen, dass Gott Entschiedenheit einfordert! Zwar sollen wir überlegt handeln und vorab die Kosten berechnen (vgl. Lk 14,28), aber dann muss und soll eine Entscheidung folgen. Chronische Unentschlossenheit ist also gegen Gottes Absicht. Um es noch präziser auszudrücken: Sie ist Sünde!

Als Elia am Berg Karmel zum Volk sprach, kritisierte er lautstark: **》》** *Wie lange hinkt ihr auf beiden Seiten? Wenn der HERR der Gott ist, so wandelt ihm nach; wenn aber der Baal, so wandelt ihm nach!* **《《** (1Kö 18,21). Gott kritisierte das Volk Israel durch seinen Propheten wegen ihrer Unentschlossenheit und ihrer fehlenden Hinwendung zu ihm. Was dann folgte, muss Gott wie einen Schlag ins Gesicht empfunden haben. Kurz und nüchtern berichtet uns die Bibel: **》** *Und das Volk antwortete ihm kein Wort.* **《**

Da wir von Natur aus unentschlossen sind und uns aus eigenen Stücken wohl niemals für Jesus entschieden hätten, musste der Vater nachhelfen **(vgl. Joh 6,44)**. Gott fordert also von uns Entscheidungen, er selbst aber hilft uns dabei, indem er das Wollen und das Vollbringen bewirkt **(vgl. Phil 2,13)**. Alle Unentschlossenen dürfen also durchatmen, weil der Anfänger und Vollender uns zur Seite steht.

»Glückselig sind, die nicht gesehen und doch geglaubt haben!«

Diese Worte aus **Johannes 20,29** sprach Jesus zu dem Zweifler Thomas. Er glich ⟫ *einer Meereswoge, die vom Wind bewegt und hin und her getrieben wird* ⟪ **(Jak 1,6)**. Mal war Thomas bereit, für Jesus alles zu opfern und zu sterben **(vgl. Joh 11,16)**, dann wiederum führte sein Unglaube dazu, dass er ihn wie alle anderen Jünger allein ließ und floh **(vgl. Mt 26,56)**. Schließlich ging er als Zweifler in die Geschichte ein, weil er den anderen Jüngern nicht glaubte, dass Jesus auferstanden sei. Thomas glaubte nur, was er sah. Er verlangte ein Zeichen **(vgl. Joh 20,25)**.

An dieser Stelle ist es wichtig festzuhalten, dass Gott in der Regel Glauben von uns verlangt und das Einfordern von Zeichen als Unglauben entlarvt **(vgl. Mt 16,4)**. Wie schon erwähnt, birgt jede Entscheidung ein Risiko. Durch ein göttliches Zeichen oder sein sichtbares Eingreifen möchten wir eine Risikominimierung vornehmen. Doch Gott erlaubt das in der Regel nicht. Wenn er von uns Entscheidungen einfordert, dann bleibt es nach wie vor dabei, dass wir Verantwortung übernehmen müssen. Das lehrt uns einerseits unsere unendliche Abhängigkeit von ihm und andererseits fordert und fördert dies unser Vertrauen in ihn. Wenn Gott uns vor eine Entscheidung stellt, uns aber gleichzeitig ein Zeichen vom Himmel schicken würde, um uns jede Unsicherheit zu nehmen, dann bleibt letztlich nur noch ein bloßes Abnicken unsererseits.

Eine Entscheidung mit der Übernahme von Verantwortung ist dann nicht mehr möglich und nötig. **Wenn wir Gott um deutlichere Zeichen bitten und sein sichtbares Eingreifen wie einen »Wink mit dem Zaunpfahl« erbeten, dann ist das oftmals nicht der fromme Wunsch, unbedingt Gottes Willen zu tun, sondern der Wunsch nach mehr Absicherung und weniger Verantwortung.** Gott will, dass wir mutig Entscheidungen treffen und die Verantwortung für die Konsequenzen übernehmen. Und das meistens ohne zu wissen, was genau passieren wird. Dabei wird uns unsere Abhängigkeit von Gott umso deutlicher und es reift ein Vertrauen in Gott. Gottvertrauen soll die Zweifel beseitigen und nicht die bloße Anerkennung von Fakten in Form von Zeichen. Dadurch ergibt sich, dass wir keinen Anspruch auf ein Zeichen Gottes haben. Dennoch kennen

wir aus der Bibel und der Kirchengeschichte und sicherlich auch aus unseren eigenen Erfahrungen bestimmte
Bestätigungen und Fügungen, die Gott als Hilfestellung
zum richtigen Zeitpunkt schenkte. Es gefällt Gott, nach
seinem Ermessen auch Zeichen und Wunder zu wirken.
Doch dürfen wir hieraus keine Regel machen, sondern
die Gnade Gottes und ein zusätzliches Entgegen-
kommen seinerseits darin erkennen.

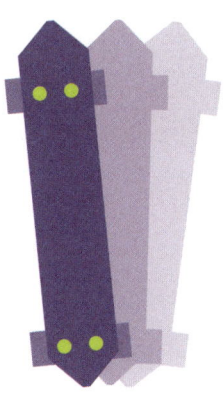

GANZ PRAKTISCH:

Wir dürfen Gott ganz konkret um Weisung bitten, doch liegt es in seiner Hand, wie viel Sicherheit er uns vorab geben möchte. Und wenn Gott nicht eindrücklich und deutlich zu uns sprechen sollte, müssen wir akzeptieren, dass »der Ball auf unserer Seite liegt«. Bevor wir eine Entscheidung treffen, dürfen wir überlegen, welche Verantwortung und Konsequenzen auf diese folgen und ob wir bereit sind, diese anzunehmen. In dem Wissen, dass Gott Entscheidungsfreudigkeit liebt und uns helfen möchte, werden wir begreifen, dass es darum geht, ihm somit ganz praktisch zu vertrauen.

Die Angst vor Fehlentscheidungen

Neben der Bekehrung gibt es im Leben weitere Wahlmöglichkeiten von großer Tragweite. Viele Christen betiteln die Partnerwahl als zweitwichtigste Entscheidung des Lebens. Auch die Berufswahl gilt als prägender Moment, schließlich verbringen wir viele Jahre unseres Daseins mit dem Erlernen und Ausüben unseres Berufes. Und sowohl die Partner- als auch die Berufswahl beinhalten oft die Frage nach dem Wohnort. Viele Christen stellen sich also auch ein oder mehrmals im Leben die Frage: Wo möchte Gott mich haben?

Darüber hinaus gibt es auch Entscheidungen, die zunächst vielleicht klein wirken, aber dennoch größere Konsequenzen mit sich bringen. Über König David heißt es in **2. Samuel 11,1** zu der Zeit, als die Könige ins Feld auszogen: 》 *David aber blieb in Jerusalem.* 《 Seine Wahl, zu Hause zu bleiben entpuppte sich schnell als Fehler. Weil er nicht mit den anderen ins Feld zog, begegnete er dann der schönen Bathseba. Er brach die Ehe und tötete in der Folge Bathsebas Ehemann Urija. Sein Entschluss, die Schuld auch noch zu verschweigen, brachte ihm zudem Kummer und Schmerzen **(vgl. Ps 32,3)**. Es gibt also auch zunächst unscheinbare Entscheidungen im Leben, die dennoch wohlüberlegt sein sollten. Bedeutet das nun, dass wir uns über jede kleinste Entscheidung den Kopf zerbrechen sollten? Nein. Die Geschichte von David lehrt uns nämlich noch etwas Weiteres: Die Verkettung von Fehlentscheidungen Davids hätte zu jeder Zeit unterbrochen werden können und müssen.

Das erste Versagen Davids war seine Trägheit. Er blieb zu Hause und verpennte bis zum Abend (vgl. V. 2). Doch wäre es dabei geblieben, hätte die Bibel wohl kaum davon berichtet. Erst die nächste Fehlentscheidung Davids stürzte ihn ins Verderben. Und mit jeder weiteren wurde es schlimmer. Doch selbst in seiner größten Not konnte David bis zu einem gewissen Grad die Dinge wieder in Ordnung bringen. Psalm 51 berichtet davon, dass sich das Blatt wendete, als er seine Schuld bekannte.

Nach unzähligen Fehlentscheidungen traf David einen wichtigen Entschluss: Er nannte seine Sünde beim Namen und durfte neu anfangen. Gott konnte mit ihm als König weitermachen. Auch wenn das Beispiel Davids an Dramatik kaum zu überbieten ist, gilt auch für uns: Fehlentscheidungen bedeuten nicht das Ende. Und wenn das für sündenbehaftete Vergehen gilt, wie viel mehr für die zunächst neutralen Fragen des Lebens! Die Bibel liefert uns noch weitere Beispiele dafür, dass auf jede Fehlentscheidung eine richtige Entscheidung folgen kann. Abraham nahm beispielsweise gegen Gottes Gebot seinen Neffen Lot mit, als er aus Haran auszog (vgl. 1Mo 12,1.4). Im nächsten Kapitel entscheidet er dann doch, sich endlich von Lot zu trennen und bügelt seinen Fehler gewissermaßen wieder aus. Ähnliches finden wir bei vielen weiteren Personen der Bibel.

Wie bereits erwähnt bringt jede Entscheidung Verantwortung mit sich. Da es nicht möglich ist, immer die richtige Wahl zu treffen, geht es also vielmehr darum, mit Fehlentscheidungen und deren Konsequenzen richtig umzugehen. Unser herrlicher Gott liebt Neuanfänge und kann auch aus dem verkorkstesten Leben noch Brauchbares formen. Wer falsch abgebogen ist, kann

mit Gottes Hilfe wieder zurückfinden. Wir sollen also Entscheidungen treffen und wenn sich diese später als falsch erweisen, die Verantwortung übernehmen.

Unser größtes Hindernis dabei: unser Stolz. Wir rennen lieber weiter meilenweit in die falsche Richtung, als einen Fehler einzugestehen. Doch liegt hierin auch des Rätsels Lösung: Wenn wir fähig sind, unseren Stolz beiseitezuschieben, brauchen wir keine übertriebene Sorge vor Fehlentscheidungen in neutralen Fragen zu haben – ganz egal, ob es um große oder kleinere Wahlmöglichkeiten geht. Sollte ein Christ gar eine weitreichende Fehlentscheidung sündiger Natur getroffen haben, deren Konsequenzen manchmal ein Leben lang nachwirken können (z. B. Schwangerschaft nach Ehebruch), so sollte er doch umso dringender Gottes Nähe suchen und demütig um Vergebung und Hilfe bitten. **Selbst aus unseren Fehlern kann Gott letztlich noch Segen entstehen lassen.** In der Bibel lesen wir, dass Gott das Fehlverhalten Simsons nutzte, um Gutes zu bewirken **(vgl. Ri 14,4)**. Auch rettete er

Fehlentscheidungen

die Familie Jakobs in der Hungersnot durch Joseph in Ägypten, der durch das Vergehen seiner Brüder dorthin verkauft worden war **(vgl. 1Mo 45,5)**.

Doch wer nun leichtfertig mit Sünde spielt oder Fehlentscheidungen billigend in Kauf nimmt, irrt gewaltig. Nur weil wir einen gnädigen Gott kennen, dürfen wir die Sünde nicht ausreizen **(vgl. Röm 6,1-2)**. Es ist ein gravierender Unterschied, ob wir willentlich und fahrlässig einen falschen Weg einschlagen oder ob wir aus Unkenntnis und Überforderung falsch abgebogen sind. Nicht nur die deutsche Rechtsprechung unterscheidet hier. Auch die Bibel warnt vor leichtfertiger Vorgehensweise **(vgl. Hebr 4,1)** und auch Paulus schrieb: 》》*Habe ich nun, indem ich mir dieses vornahm, mich etwa der Leichtfertigkeit bedient? Oder was ich mir vornehme, nehme ich mir das nach dem Fleisch vor ...?*《《 **(2Kor 1,17)**.

Somit gilt: Wer bei den zahlreichen Entscheidungen im Leben einen falschen Entschluss fasst, sollte demütig dazu stehen und Gott um Korrektur, Hilfe und wenn nötig auch um Vergebung bitten.

Jeder Christ wird auf seinem Lebensweg mehrmals eine falsche Abzweigung nehmen. Das ist kaum zu verhindern. Doch gilt es dann umso mehr, sich bloß nicht weiter zu verirren, sondern zurückzufinden. Doch was heißt das konkret?

Ich habe kurz vor der Volljährigkeit eine Ausbildung begonnen und diese drei Jahre später auch erfolgreich beendet. Ich war stets davon überzeugt, dass ich meinen erlernten Beruf auch ein Leben lang ausführen würde. Als ich heiratete, merkte ich dann aber recht schnell, dass meine Arbeit mit meiner Gemeinde und Familie kaum vereinbar war. Nach einiger Bedenkzeit und aufgrund mancher Ratschläge entschied ich mich mit Ende zwanzig dazu, noch ein Studium zu beginnen, das keine Berührungspunkte mit meinem vorherigen Beruf aufwies. War meine Ausbildung deshalb ein Fehler? Muss ich auf verschenkte Jahre zurückblicken, die ich nun bereue? Sicherlich lässt sich bereits erahnen, dass ich dankbar für alle Erfahrungen in meinem vorherigen Berufsleben bin und ich diese auch heute noch gewinnbringend einsetzen darf. Selbst bei einer so wichtigen Entscheidung wie der Berufswahl brauchen wir keine übertriebene Sorge vor Fehlentscheidungen haben, sofern unsere Gesinnung stimmt und wir den Wunsch haben, Gottes Willen zu tun.

Lasst uns also wieder das tun, was unsere Gesellschaft und auch wir Christen leider verlernt haben: Verantwortung übernehmen! Wenn etwas gut ausgeht, erwähnt jeder gerne, welchen Beitrag er dazu geleistet hat. Doch wahre charakterliche Stärke zeigt sich gerade dann, wenn wir auch zu unseren Fehlern stehen. Wenden wir uns dann demütig und hilfesuchend an Gott, handeln wir verantwortungsvoll.

GANZ PRAKTISCH:

Wie David können wir bei Gott um Erkenntnis bitten, ob wir einen **》 *Weg der Mühsal* 《** (Ps 139,24) eingeschlagen haben. Wenn wir selbstkritisch und demütig auf eine Entscheidung zurückblicken oder unseren aktuellen Lebensweg im Licht der Bibel beurteilen, dann wird Gott uns liebevoll korrigieren. In der Folge liegt es aber dann an uns, mutig den Fehler einzugestehen und eine Kehrtwende hinzulegen. Wenn wir noch vor einer Entscheidung stehen und in der Bibel keine klare Anweisung finden, dann dürfen wir unter Gebet und mit dem Ablegen schlechter Absichten verantwortungsvoll den Schritt vorangehen.

Der beste Ratgeber: Gottes Wort

Jedes Buch und jeder Ratgeber, der bei der Entscheidungsfindung nicht auf die Bibel verweist oder darin gegründet ist, darf getrost verworfen werden. Das Wort Gottes ist der Maßstab aller Dinge. Wer Gottes Willen sucht, wird hier fündig. Die Lösung liegt definitiv in der Heiligen Schrift. Entweder offensichtlich oder etwas verborgen (vgl. Spr 25,2). Leider grübeln Christen oftmals unnötig über den Willen Gottes, weil sie denken, die Bibel würde keine Hilfestellung zu ihrer Situation bieten. Zu vielen Themen des Lebens liefert die Bibel offensichtliche Antworten in schwarz auf weiß:

》Ist es falsch zu heiraten?《
》Soll ich mich in meiner Gemeinde einbringen?《
》Wie soll ich mit meinem Geld umgehen?《

und vieles mehr.

Ja?  Nein?

Wer hier nicht aus fleischlichen Motiven Verse überliest oder umdeutet, wird schnell wissen, was zu tun ist.

Dabei geht es aber auch darum, seine eigene Ausgangssituation ehrlich zu analysieren und geistliche Aspekte herauszustellen. Ein guter Freund erzählte mir vor einigen Jahren, dass er zum Studieren in eine gewisse Stadt ziehen wollte. Ich musste ihm davon abraten, konnte aber natürlich keine konkrete Bibelstelle heranziehen, die den Namen der Stadt beinhaltet oder vor dem Studienfach gewarnt hätte. Stattdessen fragte ich ihn, ob es dort eine Gemeinde gäbe und Christen in seinem Alter, mit denen er regelmäßig Gemeinschaft haben könnte. Weil er hier keine Antwort liefern konnte, riet ich ihm ernstlich davon ab. Die Bibel sagt: **»** *Wehe aber dem Einzelnen, der fällt, ohne dass ein Zweiter da ist, um ihn aufzurichten!* **«** (Pred 4,10). Seine eigentliche Frage hätte lauten müssen: Sollte ich aus beruflichen Gründen in eine Stadt ziehen, in der ich als junger Mann geistlichen Schiffbruch erleiden könnte, weil ich dort ganz auf mich allein gestellt sein werde? Leider verwarf er meinen Rat, zog weg und lebt heute nicht mehr mit Jesus.

Wenn wir den wahren Inhalt unserer Anliegen und Fragen herausarbeiten und die Tragweite der Entscheidung ehrlich überblicken, wird uns die Bibel oft wider Erwarten eine Antwort liefern können. Wenn wir uns unsicher sind, ob die Bibel über diese Themen spricht, müssen wir erfahrene Christen zurate ziehen oder in christlichen Kommentaren oder Büchern nachschlagen.

Nichtsdestotrotz gibt es auch Fragen, zu denen die Bibel keine direkte Antwort liefert. Aber auch hier gibt es keine Alternative zu einem intensiven Bibelstudium. Gottes Wort spricht auch heute konkret in unser Leben hinein. Doch um sein Reden zu hören, müssen wir die Bibel aufschlagen und im Gebet mit Gott verbunden sein. **Wenn unsere Bibel im Regal verstaubt, brauchen wir Gott auch nicht um Weisung zu bitten** (vgl. Spr 28,9). Wir drücken durch unsere Passivität ja deutlich aus, dass sein Wille für uns ohnehin nebensächlich ist. Dagegen kann der Heilige Geist uns beim Lesen und Studieren des Wortes Gottes deutlich auf vieles hinweisen (vgl. 2Tim 3,16-17), selbst dann, wenn der eigentliche Kontext von einer anderen Situation spricht.

Wenn wir uns wünschen, dass Gott zu uns spricht, müssen wir zu seinem Sprachort kommen. Abseits der Heiligen Schrift werden wir sein Reden kaum vom Stimmenwirrwarr der heutigen Zeit unterscheiden können. Je mehr wir Gottes Wort und seinen geoffenbarten Willen kennen, desto vertrauter wird Jesus uns. Wer in der Bibel »zu Hause« ist, kann viel besser einschätzen, ob etwas zum Wesen Gottes passt oder nicht. Selbst dann, wenn der Sachverhalt nicht explizit in der Bibel Erwährung findet. Wenn wir das Leben gottesfürchtiger Personen der Bibel oder der Kirchengeschichte studieren, sticht es doch ins Auge, wie konkret sie von Gott geführt wurden. Obwohl Gladys Aylward von der China-Inland-Mission als Missionarin für China abgelehnt wurde, entsprach es Gottes Willen, sie nach China zu entsenden. Als Zweifel bezüglich ihrer Berufung aufkamen, las sie in **1. Mose 12,1:** ›› *Geh aus deinem Land und aus deiner Verwandtschaft und aus dem Haus deines Vaters in das Land, das ich dir zeigen werde.* ‹‹ [1] Natürlich spricht der Text nicht von China, sondern von Kanaan. Auch hätte nicht jeder den gleichen Übertrag auf seine persönliche Situation wagen dürfen. (Stellen wir uns nur mal vor, der verlorene Sohn hätte diesen Vers als Ausrede für sein Handeln benutzt.) Und doch: Gott hat durch diesen Vers zu ihr gesprochen und sie ermutigt, nach China auszureisen.

Doch wer jetzt auf die Idee kommt, willkürlich seine Bibel zu durchblättern, bis er einen Vers findet, der ihn in seinem Handeln bestätigt, der irrt. Gladys Aylward kannte die Stimme Gottes. Sie kannte das Wort und war aufrichtig auf der Suche nach Gottes Willen.

Sie war so vertraut mit der Bibel, dass sie den Beinamen »die Frau mit dem Buch« erhielt. Deshalb konnte Gott durch die vergangenen Erlebnisse Abrahams auch in ihr Leben sprechen.

Es gilt, offen und ehrlich zu sich selbst zu sein. Möchte man Gottes Meinung überhaupt hören? Ist man bereit, seine Antwort zu befolgen? Wer Gottes Willen hören will und diesen aufrichtig sucht, der wird Antworten finden **(vgl. Mt 7,7)**.

GANZ PRAKTISCH:

Lies die Bibel!

Kenne Deine Bibel und beschäftige Dich mit den Aussagen Gottes zu verschiedenen Themen. Es gibt zahlreiche Hilfestellungen und Kommentare oder erfahrenere Christen, die Dir helfen werden, mehr Licht ins Dunkel zu bringen. Sei dabei ehrlich: Was sind Deine wahren Beweggründe und welchen »Rattenschwanz« zieht Deine Entscheidung wohlmöglich nach sich?

Ausbildung, Studium und Beruf
Anfänger und Vollender

Zunächst einmal: Wir werden später sehr viel Zeit im Berufsleben verbringen. Wenn wir mit Pausen und der An- und Abreisezeit rechnen, verbrauchen wir für die Arbeit täglich ca. 10 Stunden Lebenszeit. Das ist etwa die Hälfte unserer täglich zur Verfügung stehenden Zeit. Des Weiteren hat die Berufswahl direkte Auswirkungen auf unseren Wohnort, unseren Freundeskreis, unsere Geldmittel und so vieles mehr. Deshalb ist diese Entscheidung weitreichend und wichtig. Und doch möchte ich das relativieren:

Für Gott ist es nicht so wichtig, als was oder wo Du arbeitest. Ihm ist es wichtiger, *wie* Du arbeitest. Deshalb richtet die Bibel viele Appelle an Knechte und deren innere Haltung zur Arbeit **(z. B. Titus 2,9-10)**. Zur konkreten Berufswahl wird man dagegen wenig Passendes in der Bibel finden. Es scheint nicht allzu relevant zu sein. Da, wo Du bist, kannst du ein Zeugnis für Jesus sein und nicht selten benutzt Gott gerade die weniger attraktiven Umstände, um unseren Charakter zu schleifen. Nach der Schule habe ich bis zum Beginn meiner Ausbildung für vier Monate einen Übergangsjob angetreten und für 4,89 € pro Stunde teilweise bis tief in die Nacht gearbeitet. Es handelte sich um eine äußerst anstrengende Arbeit und mein Vorgesetzter war ein Tyrann, der kurz nach meiner Verabschiedung gefeuert wurde. Obwohl es wirklich hart war, möchte ich diese Zeit nicht missen. Es hat mir in meiner Entwicklung gutgetan und ich konnte außerdem ein Zeugnis sein.

Vielleicht nimmt das ein wenig Anspannung aus der ganzen Sache. Ansonsten kann man bei den über 300 Ausbildungsberufen und über 20 000 verschiedenen Studiengängen nur verzweifeln. Denn gerade bei der Berufswahl ist die »Qual der Wahl« der größte Hemmschuh. Immer wieder spreche ich mit Jugendlichen oder deren verzweifelten Eltern, weil beim Schulabschluss noch nicht feststeht, wie es danach weitergeht. Schüler haben 9 bis 13 Jahre Zeit, sich gedanklich auf das Berufsleben vorzubereiten und dennoch herrscht am Ende nur Ratlosigkeit. Immer häufiger wird das Studium oder die Ausbildung abgebrochen oder eine Orientierungszeit eingeschoben. Immer wieder hört man:

> »Ich weiß nicht, ob **ich** das wirklich will!«

Der Beruf wird auch für uns Christen leider immer wichtiger und ist nur noch selten das notwendige Mittel zum Zweck. Selbstverwirklichung, Ansehen, Wohlstand und berufliche Identifikation haben auch auf uns eine enorme Anziehungskraft. Mose hätte in Ägypten alles werden können. Paulus gab seinen Platz in der ersten Reihe vor Gamaliel auf, um als Zeltmacher sein Brot zu verdienen. Jesus hatte Talent für jeden Beruf dieser

Welt, entschied sich aber für das Handwerk des einfachen Zimmerers. Man könnte diese Reihe noch weit fortführen, auch mit den treuen Männern und Frauen der Kirchengeschichte, die ihren Eltern einen Schrecken einjagten, weil sie ihre Karriere vernachlässigten oder ganz an den Nagel hängten.

Wir müssen bei der Berufswahl deshalb neu unsere wahren Motive beleuchten. Viel häufiger müsste man zu hören bekommen:

> »Ich weiß nicht, ob **Gott** das wirklich will!«

Als Illustration möchte ich das Gleichnis aus **Lukas 14,7-11** etwas zweckentfremden und auf das heutige Berufsleben übertragen. Dort spricht Jesus über diejenigen, welche die ersten Plätze bei Festmahlen suchen.

Jesus macht deutlich: Bevor du mit Schande zurückgestuft wirst, nimm lieber den letzten Platz ein, bis du die Worte des Einladenden hörst: **»Freund, rücke höher hinauf«** **(V. 10)**. Auch wir sollten beruflich nicht nach hohen Dingen streben. Mit einer demütigen Einstellung und zuverlässiger Treue in kleinen Dingen werden verantwortungsvollere Aufgaben trotzdem nicht lange auf sich warten lassen **(vgl. Lk 16,10)**. Das göttliche Prinzip, erst in kleinen Dingen bewährt zu sein, bevor man Größeres leistet, ist ein heilsamer Gedanke bei der Qual der Wahl des Berufes.

Doch die heutige Generation hat einen nie da gewesenen »Trumpf der Demografie«. Die überalterte Gesellschaft bietet unzählige Stellenangebote bei flächendeckendem Fachkräftemangel. Außerdem werden händeringend Menschen gesucht, die Verantwortung und Leitungsaufgaben übernehmen sollen. Während über Jahrzehnte der Arbeitgeber aus einer Vielzahl an Bewerbern aussuchen konnte, ist es heute genau andersherum. Das Motto frisch ausgelernter Gesellen oder Uni-Absolventen lautet: Nicht ich brauche den Arbeitgeber, sondern er braucht mich. Die Folgen liegen auf der Hand: Es gibt kaum noch Menschen, die sich die Hände schmutzig machen möchten. Für einfache Hilfsarbeiten müssen Arbeiter aus Drittländern eingeflogen werden. Bevor man im Kleinen Treue beweisen kann, wird man längst über Großes gesetzt. Daraus ergibt sich in der Regel eine überzogene Selbstwahrnehmung mit gleichzeitig hohen Gehaltsvorstellungen trotz abnehmendem Fachwissen. Doch auch diese besonderen Umstände setzen das göttliche Prinzip aus **Römer 12,16** nicht außer Kraft. Dort heißt es: 》》 *... sinnt nicht auf hohe Dinge, sondern haltet euch zu den Niedrigen ...*《《

Ist es deshalb verkehrt, in heutigen Zeiten beruflich erfolgreich zu sein oder die Vorteile des Arbeitsmarktes für sich in Anspruch zu nehmen? Nein. Doch ist die Herausforderung umso größer, in diesen Umständen den biblischen Ansprüchen treu zu bleiben. Die Gefahren des Berufslebens sind umso verlockender und hängen zum Greifen viel niedriger als noch vor einigen Jahren.

Obwohl meine Lehrer mich zu einem Studium überreden wollten, habe ich eine Ausbildung zum Krankenpfleger begonnen, die auch echte »Drecksarbeit« beinhalten kann. Karriere und Gehalt hatten – Gott sei Dank – damals weniger Reiz auf mich als heute. Ich konnte mich in der Ausbildung und später im Beruf gut einbringen und meine Arbeitgeber waren zufrieden mit mir. Nach einigen Jahren habe ich mich, eher aus praktischen Gründen, dann doch noch für ein Studium der Betriebswirtschaftslehre entschieden. Obwohl es nicht unbedingt meinem Wunsch entsprach, wurde mir dann im Laufe der Zeit beruflich immer mehr Verantwortung übertragen. Auch wenn ich längst nicht alles richtig gemacht habe, kann ich persönlich bestätigen, dass die Aussage des Gleichnisses an Gültigkeit nicht eingebüßt hat.

Wenn wir lernen, uns mit weniger zufrieden zu geben und nicht nach den hohen Dingen dieser Welt streben, kann Gott uns auch im beruflichen Leben zum Segen setzen. **Wichtiger als Gehalt und Ehre ist, welchen Eindruck wir auf Kollegen, Vorgesetzte und sonstige Berufspartner haben.** Wenn wir uns hierbei den biblischen Prinzipien verpflichten und andere wahrnehmen können, dass wir gewissenhaft die kleinen Dinge erledigen, bleibt es auch nicht aus, dass jemand zu uns spricht: **》》*Freund, rücke höher hinauf!*《《**

Da der Druck der Gesellschaft, aber leider auch vieler gläubiger Eltern, enorm ist, verspüren junge Christen immer öfter den Drang, beruflich etwas erreichen zu müssen. William MacDonald schreibt treffend:

»Im Grunde sind wir in unserer Lebensanschauung weltlich geworden, und folglich gebären wir Kinder für den Würgeengel. Wir erziehen eine Generation, die ihre besten Talente für ein großes Unternehmen hergeben wird, aber nicht für Christus. Sie werden für Geld tun, was sie für den Meister nicht tun.«[2] Neben dem Geld spielen heute zwar auch noch andere – ebenfalls egoistische – Motive eine wichtige Rolle (Selbstverwirklichung, Wertschätzung und Flexibilität), doch ist diese Aussage immer noch gültig.

Wenn wir uns unserer wahren Bestimmung wieder bewusster werden und den Fokus neu auf ewige Dinge richten, kann das unsere Einstellung zur Berufswahl massiv verändern. Wir werden bereit sein, klein anzufangen und unseren Beruf vor allem als Werkzeug zur Evangelisation und persönlichen Charakterschule betrachten.

Trotzdem bleiben Fragen zur Berufswahl offen. Was heißt das jetzt konkret, wenn man sich in der Praxis zwischen einer Ausbildung zum Mechaniker und einer Ausbildung zum Elektroniker entscheiden muss? Zu aller Erschwernis gibt es auch noch die Ausbildung zum Mechatroniker. Was tun?

Kaum jemand wird mit Sicherheit im Vorfeld wissen, welche der drei Ausbildungen die exakt passende ist. Man wird bestimmt sogar erst nach der Ausbildung eine endgültige Antwort erhalten. Aber nicht mal das ist garantiert. Eine verlässliche Entscheidung zu treffen ist somit eigentlich so gut wie nicht möglich. Aber so wie Abraham nicht wusste, welches Land ihn erwartete, so müssen auch wir durch manche Tür gehen, ohne zu wissen, was uns dahinter erwartet. **Wenn wir den aufrichtigen Wunsch haben, Gott in unserem Beruf zu ehren, brauchen wir uns die Entscheidung nicht zu schwer machen.** Dann reicht es oftmals schon, die einfachen »Zeichen« zu deuten.

Bei mir waren das in der Vergangenheit meine Bewerbungsgespräche und deren Rückmeldungen. Das klingt so einfach, wie es auch gemeint ist. Meine letzte berufliche Entscheidung hatte Auswirkungen auf meinen Wohnort, meine Gemeinde, meine damals 3-köpfige Familie und mein Aufgabenfeld. Also eigentlich auf nahezu alles. Ich hatte zwei Bewerbungsgespräche, die beide gut verliefen. Wir beteten für den Ausgang und waren offen für Gottes Handeln. Ein paar Tage später erhielt ich eine Zusage und eine Absage. Das war alles. Heute noch danke ich Gott dafür, wie genial er das geführt hat.

Genauso erlebte ich Jahre zuvor allerdings auch die Situation, drei Bewerbungsgespräche geführt zu haben und im Anschluss drei Zusagen zu bekommen. In solchen Situationen würde ich nicht ausschließen, dass es auch mehrere richtige Entscheidungen und Wege geben kann (man also gar keine wirklich falsche Wahl treffen kann). Ich habe mich dann ganz einfach danach entschieden, wie mein Eindruck von den Gesprächen war. Ich hätte viel davon zu berichten, wie Gott diesen Weg dann in den darauffolgenden Jahren bestätigt hat.

Leider kommen viele erst gar nicht zum Bewerbungsprozess. Etliche junge Leute sind so gehemmt, dass sie tage-, wochen- und manchmal auch jahrelang über ihre Berufswahl nachdenken, ohne auch nur eine Bewerbung abzuschicken. Gleiches gilt für das Studium. Man verliert sich in Gedanken, ohne sich konkret einschreiben zu lassen. Was beim Studium als wesentlich hinzukommt, ist, dass man als Student heutzutage äußerst gut organisiert und diszipliniert sein sollte. Die Universitäten, Hochschulen und auch die Dozenten lassen die Studenten an einer solch langen Leine laufen, dass man im Schneckentempo studieren kann. Leider kommen deshalb einige auch nie am Ziel an. Tatsächlich schauen Arbeitgeber heute vor Einstellungen weniger auf die Abschlussnote, sondern auf die Anzahl der Semester, die bis zum Ende benötigt wurden. **Einen undisziplinierten und langsamen Arbeiter kann niemand gebrauchen und er gibt auch kein gutes Zeugnis als Christ ab.** Wer sich als Student keinen Tagesplan machen will, es mit der Anwesenheit im Vorlesungssaal nicht so ernst nimmt oder schlecht aus dem Bett kommt, sollte dringend über eine Ausbildung oder ein duales Studium nachdenken.

Aber auch hierbei sollte es primär um eine Orientierung anhand der Heiligen Schrift gehen. Nach intensivem Bibelstudium können wir sicherlich viele Optionen bei der Berufswahl schnell ausschließen, wenn wir wirklich offen und ehrlich zu uns selbst sind. Wenn wir darüber hinaus bereit sind, auch untere Wege zu gehen, kann sich Gottes Wirken in uns umso wirkungsvoller entfalten. Natürlich kann man nach der Schule auch direkt mit einem Studium beginnen und einen angeseheneren Beruf erstreben, ohne sich die Hände schmutzig machen zu müssen. Mit den richtigen Motiven ist das unbedenklich möglich. Wenn wir dabei den Uni-Campus noch als Missionsfeld betrachten und die freie Zeit für geistliche Aufgaben nutzen – umso besser.

Das schöne bei beruflichen Entscheidungen: Selten ist es eine Entscheidung auf Lebenszeit. Meist kommt es zu veränderten Gegebenheiten, die alle Karten neu mischen. Es ist zwar wichtig, nicht ständig seine Entscheidung zu hinterfragen, aber es kann auch entlastend wirken, wenn man weiß, dass die Berufswahl nicht in Stein gemeißelt ist. Trotzdem ist in den allermeisten Fällen sicherlich folgender Rat angebracht: »Zieh das jetzt einfach mal durch!« Immerhin stellt sich Jesus selbst nicht nur als Anfänger einer Sache, sondern auch als Vollender vor **(vgl. Hebr 12,2)**.

GANZ PRAKTISCH:

Bevor Du gar nichts machst, bewirb Dich irgendwo. Jedenfalls macht die Bibel unmissverständlich klar, dass faul wartend die Hände in den Schoß zu legen, statt zu arbeiten, falsch ist und als Option wegfällt: »» *Wenn jemand nicht arbeiten will, so soll er auch nicht essen. Denn wir hören, dass einige unter euch unordentlich wandeln, indem sie nichts arbeiten, sondern fremde Dinge treiben* ««

(2Thes 3,10-11). Deshalb:

- Frag Dich und andere, wo Deine Begabungen und Interessen liegen. Sei dabei beratungsoffen.
- Notiere Vor- und Nachteile von verschiedenen Studiengängen oder Ausbildungsberufen. (Du kannst auch ein Punktesystem benutzen und die Vor- und Nachteile numerisch bewerten, um das Ergebnis als Summe zu erhalten.)
- Prüf bei alledem Deine Motive und Absichten und bekenne Gott großzügig mögliche falsche Intentionen.
- Setz Dir eine Deadline, bis wann Du Dich endgültig und definitiv entschieden haben möchtest.
- Halte diese Deadline auch ein!
- Hab zudem wache Augen, um zu bemerken, wo Gott Türen schließt und wo welche aufgehen.
- Bete für die richtige Entscheidung und bitte andere, ebenfalls für Dich zu beten.

Sei vorsichtig, wenn ein Beruf im geistlichen Graubereich liegt. Manche Berufe sind aus moralischen Gründen oder weil sie geistliches Wachstum hindern, zu verwerfen.

Exkurs über Frauen und Beruf

Man könnte jetzt leichtfertig schreiben, dass die Bibel keine exakten Vorgaben macht, welche Berufe für gläubige Frauen infrage kommen. Doch wer aufmerksam die Bibel liest, dem muss auffallen, dass sie sehr wohl einen eindeutigen Schwerpunkt für Frauen festlegt: Familie **(vgl. Tit 2,4-5)**. Innerhalb der Familie hat Gott der Frau eine besondere Aufgabe und die dazu entsprechenden Gaben zugeteilt. Deshalb ist es richtig, wenn eine Frau diese Berufung schon in ihrer Berufswahl berücksichtigt. Und tatsächlich zeigt ja auch die Erfahrung, dass viele gläubige Frauen heiraten und Kinder bekommen. Dies sollte, wenn schon nicht aus biblischen, dann zumindest aus statistischen Gründen, mit in die Entscheidungsfindung einbezogen werden. Wer später eine Familie gründen möchte und dabei nach dem biblischen Grundsatz die Erziehung der Kinder einer Verwirklichung im Berufsleben vorzieht, der muss überlegen, wie viel Zeit und Kraft er der Berufsvorbereitung opfern möchte. Dabei geht es nicht um richtig oder falsch, sondern um eine vorausschauende Herangehensweise.

Wer sich Mann und Kinder wünscht, gleichzeitig aber ein siebenjähriges Jurastudium beginnt, wird in der Regel nur einen Haufen BAföG-Schulden mit in die Ehe bringen. Natürlich gibt es Ausnahmen von der Regel und nicht jeder kann sicher wissen, dass er Mann und Kinder bekommen und behalten wird. Aber sind das ehrliche Sorgen und die wahren Beweggründe? Es gibt für solcherlei Einwände doch einfache Lösungsansätze. Stattdessen ist viel wichtiger: Frauen haben bei der Berufswahl die Chance, zu beweisen, welche Prioritäten sie für ihr Leben setzen möchten. Akzeptiert jemand das biblische Frauenbild, wird das Auswirkungen auf die Berufswahl haben. Ein hoch angesehener und hart erarbeiteter akademischer Beruf ist als Ehefrau und Mutter dagegen später umso verlockender.

Eine weitreichende Entscheidung: Ehe und Partnerwahl

Während unsere nichtchristlichen Freunde lange vor einer Ehe zusammenleben und sich im Bett ausprobieren, fordert Gott von seinen Kindern, dass wir etwas (weltlich gesprochen) »total Verrücktes« tun: Ein Treueversprechen ohne Zusammenleben vor der Ehe, ohne vorweggenommenen Sex und ohne jahrelanges Abchecken (z. B. Hebr 13,4)! Die Ehe zwischen Mann und Frau nach biblischer Herangehensweise kann bei Nicht-Christen nur Kopfschütteln hervorrufen. Dadurch, dass die Bibel außerdem Scheidung verbietet (vgl. Mt 5,32), wird die Sache nur noch unglaublicher. Zusammengefasst heißt das: Eine Frau und ein Mann verlassen ihre gewohnte und sichere Umgebung des Elternhauses und entscheiden sich für ein Leben mit einer bis dato relativ unbekannten Person, in einem neuen und unbekannten Lebensumfeld, mit völlig ungewohnter Nähe zum jeweils anderen. Es entspricht Gottes Absicht, dass man mit seinem Ehepartner vorbehaltlos intim wird – ohne vorher auch nur zu ahnen, was das bedeutet und wie das sein wird. In gewisser Weise verlangt Gott, dass man die »Katze im Sack« kauft. Des Weiteren folgen in der Regel gewaltige Veränderungen (beispielsweise Kinder). Man könnte dieser Auflistung noch viele weitere Punkte hinzufügen, sie alle würden aber nur weiter unterstreichen, dass Gott eine unwiderrufliche Entscheidung verlangt, die man selbst nicht überschaut.

Dass einige Frauen am Hochzeitsabend beim Abschied von ihren Eltern in Tränen ausbrechen, demonstriert, wie aufwühlend die Auswirkungen des Ehebündnisses sind. Und doch gilt nach wie vor etwas Unvorstellbares: Es funktioniert! **Ehen, die auf diese biblische und göttliche Weise im Vertrauen auf Gott geschlossen werden, funktionieren!** Und nicht nur das: Sie werden oft zu Leuchttürmen im dichten Beziehungsnebel. Die nichtchristlichen Freunde, welche anfänglich die Vorgehensweise noch belächelt haben, stehen nicht selten später ratsuchend vor der Haustür. Sie beneiden die Christen um ihre Ehe. Das göttliche Prinzip geht auf. Gott bekennt sich zu dieser Vorgehensweise und er belohnt das Vertrauen auf ihn und sein Wort. Was menschlich betrachtet wie eine Lotterie oder russisches Roulette wirkt, wird im Vertrauen auf Gott von ihm belohnt. Ein Arbeitskollege und Frauenheld sagte einmal zu mir, als ich frisch verheiratet war: »Hätte ich es doch auch nur so gemacht wie du!«

Aber was ist, wenn ...?

Natürlich gibt es gravierende Fehlentscheidungen bei der Partnerwahl. Wer bei der Wahl des richtigen Partners zu leichtfertig vorgeht, kann einen Fehler begehen, den er ein Leben lang bereuen wird. Nicht selten sind auch Christen durch einen falschen Partner auf Abwege geraten. Daher ist es wichtig, dass man Gottes Willen kennt und tut. Doch gerade hier tun sich viele schwer. Wie erkenne ich Gottes Willen? Woher weiß ich, wer der richtige Lebenspartner ist?

Bei der Partnerwahl lautet die große Herausforderung, wirklich ehrlich zu sich selbst und offen für Gottes Willen zu sein. Wenn wir den aufrichtigen Wunsch haben, Gottes Willen zu tun, dann lässt uns Gott nicht lange im Unklaren, wenn wir vor einer konkreten Entscheidung stehen. Aber manchmal erhalten wir auch deshalb keine Antwort, weil wir diese gar nicht hören möchten, da wir uns längst schon auf etwas eingestellt haben. Es kann sein, dass Gott jemanden für mich vorgesehen hat, der ideal zu mir passt, eine tolle Ergänzung ist und mit dem mein Charakter mehr und mehr Jesus ähnlicher wird. Wenn dann aber beispielsweise das Aussehen des anderen, das Ansehen oder die Meinung unserer Freunde wichtiger sind, läuft etwas verkehrt. Ich hatte damals die irrige (nie ausgesprochene) Vorstellung, dass meine spätere Frau bei meinen Arbeitskollegen Neid auslösen soll. Sie sollten mich für meine Frau bewundern und zugeben, dass ich als Christ den besseren Weg gegangen bin. Aber das war falsch und hochmütig. In seiner Gnade hat mir Gott zwar eine solche Frau geschenkt, aber Segen ist in der Bibel – wie in diesem Fall – nicht immer ein Zeichen von Gehorsam (vgl. 1Mo 20,14).

Wer vor der Partnerwahl steht, dessen größte Schwierigkeit wird es sein, ehrlich zu sich selbst zu sein, die eigenen Motive herauszubekommen und fromme Ausreden zu entlarven. Das bleibt eine schwierige Herausforderung. Wem das gelingt und wer in aller Aufrichtigkeit zu Jesus um Weisheit fleht **(vgl. Jak 1,5)**, wird Erhörung finden, wenn er aufrichtig, ernst und ehrlich betet **(vgl. Jak 5,16)**.

Wem bei der Partnerwahl folgende Aspekte gelingen:

1

Gehorsam gegenüber göttlichen Geboten

2

Entlarvung eigener falscher Motive

3

Bereitschaft, Gottes Willen umzusetzen

der muss keine Angst vor einer Fehlentscheidung haben.

Zur Vergewisserung ist es hilfreich, Vertrauenspersonen zurate zu ziehen. Aber auch hier gilt es, ehrlich zu sich selbst zu sein. Nicht selten wählt man sich seine Ratgeber danach aus, was man erwartet, von ihnen zu hören. Außerdem bleibt es eine Herausforderung, Rat anzunehmen, wenn er nicht, dem eigenen Willen entspricht.

Wer all diese Dinge berücksichtigt, der wird es leichter haben, Gottes Willen zu erkennen. Wer entsprechende Störgeräusche wie Eigenwillen, falsche Motive etc. vorab entfernt hat, der wird sehr sensibel für Gottes Wirken sein, wenn dieser Türen öffnet oder schließt.

Gott lässt nicht mit sich spielen

Eine Bekannte hörte vor ein paar Jahren nicht auf den Rat der Gemeindevorsteher. Diese rieten ihr ernstlich davon ab, eine Beziehung zu einem ungläubigen Mann einzugehen. Doch sie argumentierte, dass Gott ihr deutlich gemacht habe, dass dieser der Richtige sei. Ihr Gebet wurde entsprechend »erhört«. Doch lernen wir nicht von Bileam, dass man Gott nicht um Dinge bitten

darf, die er ohnehin schon verboten hat? Als Bileam Gott fragte, ob er Gottes Volk verfluchen darf, antwortete dieser glasklar: Nein! **(Vgl. 4Mo 22,12.)** Als die Boten erneut zu Bileam kamen und diesmal noch mehr Lohn bereithielten und von viel Ehre sprachen, wusste Bileam immer noch, dass er nicht mitkommen durfte. Dennoch fragte er Gott erneut im Gebet **(V. 19)**. Als Bileam diese Dreistigkeit aufbrachte, antwortete Gott anders als beim ersten Mal. Plötzlich sagte Gott im folgenden Vers: 》*... geh mit ihnen*《! Aber Gott hatte seine Meinung nicht geändert und nannte Böses nicht plötzlich gut. Sondern er gab Bileam das, wonach dieser sich von Herzen sehnte – trotz Warnung. Dass dieser Weg ein Pfad des Todes war, wird in der späteren Geschichte deutlich. Obwohl Gott ihn erneut warnte, kostete es ihn am Ende sein Leben.

Ähnlich ist es mit dem Volk Israel und seinem ersten König Saul. Gott hatte Besseres vorgesehen, gab den Israeliten aber auf ihr Drängen hin das, was ihnen schadete: einen König nach ihrem Willen (groß, stark und schön) und nicht nach dem Herzen Gottes.

Wir lernen daraus, dass wir nicht mit Gott spielen dürfen. Wenn Gott uns bereits eine Antwort gegeben hat, sollten wir sie dankbar und demütig annehmen **(siehe Paulus in 2Kor 12,8-9)**. Wenn wir keine ehrliche Antwort hören möchten, müssen wir Gott gar nicht erst fragen, und wir sollten schon gar nicht um Dinge bitten, die Gott in seinem Wort bereits verboten hat.

Die Sache mit den Gefühlen

Gefühle beeinträchtigen die Entscheidung bei der Partnerwahl. Manchmal gibt es viele Gründe gegen eine Beziehung, aber die Gefühle sind stark. Oder es kann auch genau andersherum sein. Es gäbe eigentlich viele Gründe für das Zustandekommen einer Beziehung, aber die Gefühle bleiben scheinbar aus. Was ist jetzt richtig?

Zunächst einmal ist festzuhalten, dass die Bibel keine Hinweise gibt, inwieweit Gefühle vorliegen müssen und wie stark diese ausgeprägt sein sollten, bevor man eine Beziehung eingeht. Wir finden im Alten Testament eher Beispiele dafür, dass Menschen sich verlobten, ohne dass uns von vorherigen Gefühlen berichtet wird (z. B. Isaak mit Rebekka). In der Geschichte von Isaak wird allerdings ersichtlich, dass starke Gefühle nach der Verlobung aufkommen. Rebekka entscheidet sich für eine Ehe mit Isaak **(1Mo 24,58:** ›› *Ich will gehen.* ‹‹ **)** und erst als die beiden verheiratet sind, lesen wir davon, dass bei Isaak Gefühle aufkommen **(V. 67:** ›› *… und er gewann sie lieb* ‹‹ **Schlachter 2000).**

Natürlich ist es schön, wenn man bereits mit starken Gefühlen in eine Beziehung startet. Dadurch wird das Miteinander einfacher und die gegenseitige Wertschätzung steigt. Man verbringt gerne Zeit zu zweit und lernt sich noch schneller schätzen. Aber: Gefühle sind keine verlässliche Quelle. Das Herz ist trügerisch **(vgl. Jer 17,9).** Amnon beispielsweise liebte Tamar **(vgl. 2Sam 13,1).** Er hatte so starke Gefühle, dass er sich sogar krank fühlte vor Liebeskummer. Doch als sich Amnon verbotenerweise das nahm, was sein Herz begehrte, verwandelte sich seine Liebe in Hass (2Sam 13,15: 》 *... der Hass, mit dem er sie hasste, war größer als die Liebe, mit der er sie geliebt hatte.* 《). Am Ende der Geschichte bleibt nur Schuld, Abneigung und ein zerbrochenes Herz.

Gefühle haben bei dieser Thematik wahrscheinlich schon mehr Schaden angerichtet, als dass sie hilfreich waren. Wenn Christen mit einer falschen Person zusammenkommen (z. B. einem ungläubigen Partner), dann liegt das nahezu ausschließlich an starken Gefühlen für diese Person. Die Gefühle tragen somit maßgeblich zu einer solchen Fehlentscheidung bei. Statt nach Gottes Wort zu fragen und auf den Ratschlag anderer Christen zu hören, verlässt man sich auf sein trügerisches Herz. Doch darf man jetzt ableiten, dass Gefühle immer schädlich sind? Nein, auf keinen Fall!

Wer sich unsicher ist, ob er eine Beziehung eingehen soll oder nicht, dem hilft es vielleicht, folgende Unterscheidung vorzunehmen. Ich spreche von drei Ebenen, die für die Entscheidungsfindung relevant sind:

theologische Ebene　　**sachliche Ebene**　　**emotionale Ebene**

Die theologische Ebene meint, was Gottes Wort zu dieser Beziehung sagt. Es gibt theologische Gründe, die gegen eine Beziehung und spätere Ehe sprechen, z. B. Wiederheirat, Beziehung zwischen Christ und Nicht-Christ, unterschiedliche Ansichten zu elementaren Lehren u. Ä. Diese theologische Ebene muss zuerst betrachtet werden. Die biblischen Aussagen sind unverzichtbar wichtig. Eine Beziehung darf nicht zustande kommen, wenn sie solchen göttlichen Anweisungen widerspricht.

Die sachliche Ebene meint den Versuch, die Umstände zu objektivieren. Fragt man beispielsweise fünf Christen nach ihrer Einschätzung und alle fünf bestätigen die eigenen Gedanken, dann wird der Sachverhalt weniger subjektiv. In dieser Ebene dürfen viele Faktoren berücksichtigt werden: Sind wir uns charakterlich ähnlich? (Denn dass sich Gegensätze anziehen, ist eher ein weltliches Prinzip und sollte nicht als Prüfungskriterium gelten. Natürlich ist es trotzdem gut und richtig, wenn man einander ergänzt.) Haben wir gemeinsame Interessen? Sind wir uns einig über zukünftige Lebenswege? Gibt es Störfaktoren (Arbeitslosigkeit,

Krankheit, kritische Schwiegereltern, ...)? Zu vielen dieser Fragen gibt es keine genaue Vorschrift und dennoch tragen sie maßgeblich dazu bei, später eine gesunde und gute Ehe führen zu können. Diese Faktoren sollten bei der Partnerwahl berücksichtigt werden, müssen aber im Gegensatz zur theologischen Ebene nicht allesamt zwingend erfüllt sein.

Die emotionale Ebene enthält ausschließlich KANN-Faktoren.

Das heißt, dass die emotionale Ebene die Entscheidung für eine Beziehung beeinflussen *kann*, aber nicht zwangsläufig *muss*. Emotionale Faktoren können eine Entscheidung beeinflussen und als Argument für eine solche auf jeden Fall angeführt werden. Im Gegensatz zur theologischen Ebene (MUSS) und zur sachlichen Ebene (SOLL), handelt es sich hierbei um unterstützende Faktoren. Das heißt im Umkehrschluss auch, dass es eine Menge glücklicher Ehen und Beziehungen gibt, die zu Beginn mit weniger Gefühlen gestartet sind.

Da in der Regel der Mann den ersten Annäherungsversuch startet und sich im Vorfeld viele Gedanken über eine mögliche Beziehung gemacht hat, kommt es nicht selten vor, dass auf seiner Seite alle drei Ebenen für eine Beziehung sprechen. Die Frau hingegen wird manchmal unverhofft und plötzlich angesprochen. Unter normalen Umständen sprechen zu diesem Zeitpunkt noch keine emotionalen Faktoren für eine Beziehung – zumindest von Seiten der Frau. Hinzu kommt, dass Gefühle beim Mann plötzlich aufkommen können und nicht selten schneller erwachsen als Jonas Riziniusstaude über Nacht **(vgl. Jon 4,6)**.

Bei Frauen hingegen reifen Gefühle und körperliche Sehnsüchte nach meinen Beobachtungen häufig erst mit der Zeit, ähnlich wie ein großer Baum, der Zeit bis zur Reife benötigt, dann aber auch stabil und standhaft ist. Nicht selten sind es auch körperliche Berührungen, die manche Emotionen bei den Frauen erst auslösen oder verstärken (Händchen halten, in den Arm nehmen, küssen …). Da diese ebenfalls erst im Laufe der Beziehung hinzukommen sollen, ist es nur natürlich, dass Emotionen besonders zu Beginn einer Beziehung ungleich verteilt sein können.

Ein Freund von mir hatte eine weniger glückliche Beziehungs- und Verlobungszeit. Während er Hals über Kopf verliebt war, sprachen bei seiner jetzigen Frau nahezu ausschließlich rationale und theologische Gründe für die Beziehung. Dies zeigte sich auch in der Öffentlichkeit, sodass ihnen sogar geraten wurde, die Beziehung wieder zu beenden. Als die beiden schließlich heirateten, hatte sich das Problem von heute auf morgen erledigt. Seither ist diese Ehe ein Paradebeispiel für eine gesegnete und glückliche Beziehung, die von beidseitiger Liebe und Zuneigung geprägt ist. Diesem Beispiel könnte ich noch weitere ergänzen. Dass Beziehungen und sogar Eheschließungen ohne starke Gefühle auf einer oder beiden Seiten vollführt wurden, ist keine Seltenheit. Wenn zu Beginn weniger Gefühle vorhanden sind, muss man sich die Frage stellen, ob man den anderen schätzt und zu ihm aufsehen kann. Wenn ich einiges finde, was ich an der anderen Person mag, wertschätze oder bewundere, dann ist das ein guter Indikator dafür, dass tiefere Gefühle im Laufe der Zeit wachsen können.

Die Frage, inwieweit Gefühle für das Zustandekommen einer Beziehung vorhanden sein sollen, wird unter Christen unterschiedlich beurteilt. Viele setzen die eigenen Erfahrungen als Maßstab und vergessen, wie unterschiedlich Gott doch oft vorgeht. Auch muss man sich bezüglich dieser Diskussion zunächst verständigen, was überhaupt mit Gefühlen gemeint ist. Ich persönlich denke, dass gewisse Gefühle vorhanden sein sollten (Zuneigung, Empathie, Wertschätzung, etc.), dass aber »das Verliebtsein« als Konsequenz auch erst später folgen darf. **Die Aussage »Ich habe keine Gefühle für mein Gegenüber!« ist oftmals zu absolut und meint häufig ausschließlich romantische Gefühle.**

Als ich meine heutige Frau damals ansprach, war ich Hals über Kopf verliebt. Es gab keine theologischen Bedenken und wir kannten uns auch schon seit vielen Jahren. Meine Frau stimmte der Beziehung sofort zu, obwohl sie wenig romantische Gefühle für mich hatte. Diese nahmen dann in den nächsten Wochen und Monaten stetig zu. Aus ihrer Sicht sprachen zu viele Punkte für unsere Beziehung, als dass sie aufgrund noch nicht voll ausgeprägter Gefühle Bedenken gehabt hätte. Sie hat eine Entscheidung getroffen, die nicht von Gefühlen geleitet war. Laut eigener Aussage hat sie ihre Entscheidung bisher noch nicht bereut.

Liebe ohne Gefühle?

Ich will damit nicht sagen, dass das »Zusammen-fügen« von Mann und Frau emotionslos und rein sach-lich ablaufen sollte. Diese Zeilen sind kein Plädoyer für stumpfe Rationalität. Es ist etwas Wunderbares, wenn Schmetterlinge im Bauch flattern und Gefühle auf der einen Seite ein Echo auf der anderen Seite hervor-rufen. Aber: **Gefühle sind beeinflussbar und auch manipulierbar.**

Als Absalom seinen Vater David vor den Bürgern des Landes schlechtredete, kippte die Stimmung von Hochachtung in Verachtung. Die Gefühle der Israeliten wurden von Absalom manipuliert. In **2. Samuel 15,6** heißt es: »*... so stahl Absalom das Herz der Männer von Israel.*«

Wenn wir die große Sorge haben, dass unsere Be-ziehung emotionslos bleiben könnte, dann liegt das in erster Linie an unserer Einstellung und unseren Ge-danken. Wer sich bewusst Zeit nimmt und über die positiven Eigenschaften einer Person nachdenkt, wird wahrscheinlich schon bald Gefühle für diese Person entwickeln. Wenn ich mir Zeit nehme und darüber nachdenke, was ich an meiner Frau alles schätze und bewundere, kommen Gefühle der Dankbarkeit, Wertschätzung und Liebe in mir auf. Wenn ich jedoch auf nachteilige Details achte und das Gute bewusst oder unbewusst übersehe, nehmen die Gefühle ab. **Wer mit sich hadert, da er wenig Gefühle für eine andere Person hat, der sollte sich Zeit nehmen, über die positiven Eigenschaften der Person nachzudenken.**

Außerdem gehört dazu auch, negative Gedanken zu eliminieren. Auch solche, die uns selbst betreffen. Verachtung ist die hässliche Fratze des Hochmuts! **Wer von sich selbst zu hoch denkt, weiß den anderen auch weniger zu schätzen. Wer sich selbst zum Maß aller Dinge macht, der wird sich an vielem stören, was andere tun.** Das fängt oft schon bei ganz banalen Dingen an. Wenn der Partner einen anderen Kleidungsstil hat, man aber den eigenen hochmütig für den geschmackvolleren hält, schlussfolgert man automatisch, dass der andere schlecht gekleidet sei – wodurch er an Ansehen verliert. Aber auch geistlicher Hochmut kann zum Problem werden: Wenn sich in einer Beziehung der eine für geistlicher hält als der andere, dann ist es kein weiter

Weg, bis er verachtend auf den anderen herabblickt. Die Bibel lehrt uns, dass wir den anderen höher achten sollen als uns selbst (vgl. Phil 2,3). In einer Liebesbeziehung umso mehr.

Salomo gilt hier zunächst noch als gutes Beispiel. Er war der eindrucksvollste König, den Israel je hatte. Außerdem war er weise, reich, gut aussehend und gottesfürchtig. Er hatte all das, was wir uns wünschen. Und obwohl Salomo viel von sich hätte halten können, schrieb er das Buch Hohelied, in dem er in bildreicher Sprache von der einfachen Sulamith schwärmte. Sulamith und Salomo lagen in ihrer Stellung meilenweit auseinander und doch lobten sie sich gegenseitig in den höchsten Tönen. Salomo schaut nicht auf sich, sondern auf Sulamith. Er war beeindruckt von ihr, obwohl es natürlich auch Mängel an ihr gab (vgl. Hl 1,6). Aber in seinen Augen war sie wie eine Lilie unter Dornen (vgl. Hl 2,2). Wäre Salomo selbstgefällig dem Hochmut verfallen, hätte er nicht in solch anmutiger Weise von und über Sulamith schreiben können.

In unserer Beziehung zu Gott leiden wir unter einer ähnlichen Problematik. Hinzu kommt noch, dass Gott perfekt und gut ist und wir nichts Nachteiliges an ihm finden können. Doch obwohl er sich eine Liebesbeziehung zu uns wünscht, fällt es uns oft schwer, Gefühle für Gott aufrechtzuerhalten. Wir stimulieren uns gerne mit Musik, damit überhaupt Gefühle aufkommen. Es fehlt leider zu oft an Freude, Liebe, Hochachtung und Wertschätzung, obwohl Gott diese von uns erwarten kann **(z.B. Phil 4,4 und 5Mo 11,1)**. Was sind die Ursachen hierfür? Wir denken zu wenig über Gott nach und lesen zu wenig in seinem Wort. Außerdem macht uns unsere Selbstbezogenheit einen Strich durch die Rechnung. Doch wer nun die ganze Beziehung zu Gott infrage stellt, der irrt gewaltig. Ebenso ist diese Schlussfolgerung für eine irdische Beziehung falsch. Nicht die Beziehung, sondern die eigene Einstellung und der eigene Einsatz müssen hinterfragt werden.

Liebe ist mehr als ein Gefühl

Gefühle sind wichtig. Aber Liebe ist viel mehr. In **Markus 12,30** heißt es: **》》... und du sollst den Herrn, deinen Gott, lieben aus deinem ganzen Herzen und aus deiner ganzen Seele und aus deinem ganzen Verstand und aus deiner ganzen Kraft. 《《** Jesus fächert in diesem Vers die Liebe in ihre Bestandteile auf. Wir tun gut daran, diese in folgender Weise voneinander zu unterscheiden:

»aus deinem ganzen Herzen«

Hier geht es um die Gefühlswelt. Wir sollen Gott lieben mit unseren Emotionen. Wenn wir über Gott nachdenken, darf es uns warm ums Herz werden. Wir sollen uns nach ihm sehnen, wenn wir länger nicht mit ihm geredet haben oder am Tag noch nicht zur Bibel greifen konnten.

»aus deiner ganzen Seele«

Die Seele ist die Person in ihrer Ganzheit und unter anderem Sitz der Begierden und Wünsche **(vgl. Lk 12,19)**. Die Bibel meint beim Sprachgebrauch aber auch häufig die menschliche Existenz an sich **(vgl. 1Mo 46,26)**. In **Markus 12,30** appelliert Jesus in erster Linie an unseren Willen. Wir sollen aus voller Willenskraft eine Entscheidung treffen. Eine Entscheidung hilft uns dann, wenn beispielsweise die Gefühle gerade nicht wollen. In einer Ehe ist es das Eheversprechen, was zusammenhält – auch dann, wenn es schon mal brodelt. Wer die Liebe zu Gott zu einer festen Entscheidung, einem festen Lebensfundament und Prinzip gemacht hat, der »hält an ihm fest«, auch wenn schwere Zeiten kommen.

»aus deinem ganzen Verstand«

Der Geist oder der Verstand meint unsere Gedanken-welt. Worum drehen sich unsere Gedanken? Beschäf-tigen wir uns mit Jesus? Denken wir über ihn nach? Setzen wir uns mit ihm und seinem Charakter auseinan-der? Schalten wir dazu den Verstand ein? Der Verstand steht hier im Kontrast zu der Gefühlswelt. In **Psalm 1,1.2** heißt es: **》》 *Glückselig der Mann, der [...] über sein Ge-setz sinnt Tag und Nacht!* 《《** Das hebräische Wort für »sinnen« könnte man auch mit »darüber murmeln« übersetzen. Den Verstand auf Jesus und seine Worte abzustimmen und seine Gedankenwelt damit zu füllen, zeigt seine Liebe zu ihm.

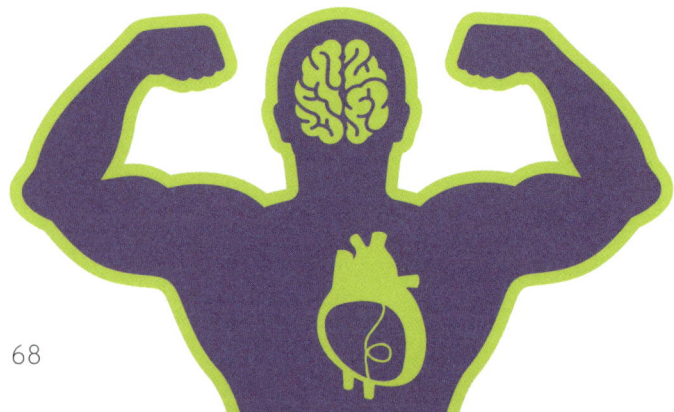

»aus deiner ganzen Kraft«

Liebe ist eine Handlung bzw. die Summe vieler Handlungen. Wie der Glaube ohne Werke tot ist **(vgl. Jak 2,26)**, so ist auch die Liebe ohne Auswirkungen nichtig. Jesus erzählte zur Illustration hierfür das Gleichnis von den zwei ungleichen Söhnen. Der eine versprach seinem Vater Gehorsam und arbeitete doch nicht im Weinberg. Der andere verneinte erst, ging dann aber doch hin **(vgl. Mt 21,28-31)**. Obwohl er nicht wollte (**V. 29:** *Ich will nicht.*), lobt Jesus ihn in der Geschichte anschließend dafür, dass er doch hinging und seinem Vater diente.

Auch hier gilt: Dienst in der Gemeinde und im Reich Gottes darf nicht von Gefühlen und Lust abhängig gemacht werden. Natürlich ist es schön, wenn wir wollen und dann entsprechend handeln, aber Liebe zeigt sich gerade dann, wenn wir etwas für jemanden tun, obwohl es uns schwerfällt. In **Johannes 14,21** sagt Jesus: *Wer meine Gebote hat und sie hält, der ist es, der mich liebt.* Wer die Bibel im Alten wie im Neuen Testament liest, dem fällt schnell auf, dass Gottes Anklage gegen sein Volk nicht primär auf mangelnde Gefühle, sondern auf mangelnden Gehorsam zurückgeht. Deshalb wünscht sich Gott, dass wir ihn mit ganzer Kraft lieben. Es ist die Chance, unsere Liebe zu unterstreichen. **Jesus selbst demonstrierte seine Liebe zu uns am stärksten in dem Moment, als er für uns starb** (vgl. Röm 5,8).

Ich denke nicht, dass wir an dieser Stelle eine Gewichtung vornehmen sollen. Alle vier Bestandteile gehören zu wahrer Liebe dazu und dürfen in ähnlicher Weise auf zwischenmenschliche Liebe übertragen werden. Die Welt macht genau an dieser Stelle aber einen fatalen Fehler. Während nahezu jedes Lied und jeder Film von der Liebe handelt, fokussiert man sich dabei fast immer ausschließlich auf den emotionalen Teil. Hierin liegt der Grund, warum so viele Beziehungen krachend auseinandergehen. Gefühle bleiben fluide, wenn Liebe nicht auch in Seele, Verstand und Kraft gelebt wird.

Das Hohelied der Liebe

In **1. Korinther 13** führt Paulus die Definition wahrer Liebe weiter fort. In den **Versen 4-7** heißt es: 》 *Die Liebe ist langmütig, ist gütig; die Liebe neidet nicht, die Liebe tut nicht groß, sie bläht sich nicht auf, sie gebärdet sich* *nicht unanständig, sie sucht nicht das Ihre, sie lässt sich nicht erbittern, sie rechnet das Böse nicht zu, sie freut sich nicht über die Ungerechtigkeit, sondern sie freut sich mit der Wahrheit, sie erträgt alles, sie glaubt alles, sie hofft alles, sie erduldet alles.* »

Es ist auffallend, dass wahre Liebe das Wohl des anderen sucht. Langmut, Güte, das Überwinden von Neid und Hochmut und auch die restlichen Aufzählungen können gut mit » *[die Liebe] sucht nicht das Ihre* « zusammengefasst werden. **Selbstlosigkeit ist das wahre Zeichen echter Liebe.**

In einer Beziehung bedeutet das, dass es mir grundsätzlich nicht um mein eigenes Wohl, sondern um das meines Partners gehen sollte. Und zwar schon von Beginn an. Schon am Anfang einer Beziehung sollte ich mich nicht fragen:

»Werde ich wirklich glücklich mit ihm oder ihr?«,

sondern vielmehr:

»Wird er/sie glücklilch mit mir?«

Es sollte also derjenige heiraten, der den anderen glücklich machen will. Die Angst vor einer Fehlentscheidung geht oft mit der Unsicherheit einher, dass der andere nicht gut genug für mich sein könnte. **Doch wahre Liebe sucht nicht das eigene Glück, sondern das des anderen.**

Als bestes Beispiel dient wieder unser Herr Jesus Christus. In **Epheser 5** zieht Paulus eine Parallele zwischen der Liebe von Jesus zu seiner Gemeinde und der Liebe von Mann und Frau. Dort heißt es in **Vers 25:** 》》*Ihr Männer, liebt eure Frauen, gleichwie auch der Christus die Gemeinde geliebt hat und sich selbst für sie hingegeben hat*《《 (**Schlachter 2000**). Jesus hat sich selbstlos für seine Gemeinde in den Tod gegeben. Den gleichen (unerfüllbaren) Maßstab wendet er auf die Liebe der Männer zu ihren Frauen an. Man kann in der Liebe also nicht selbstlos genug sein.

Das Recht, Nein zu sagen

Heißt das im Umkehrschluss, dass ich den Erstbesten, der mich nach einer Beziehung fragt, nehmen muss, da alles andere nicht selbstlos genug wäre? Getreu dem Motto: je mehr Defizite, desto mehr werde ich zum Guten geschliffen? Auf keinen Fall.

Als Vater von drei Töchtern ist es mir ein großes Anliegen, dass meine Töchter einmal einen hingegebenen, selbstlosen und gottesfürchtigen Mann heiraten. Die Bibel listet einige Anforderungen an Männer und auch Frauen auf. Zwar in der Regel nicht in Bezug auf die Partnerwahl, aber diese göttlichen Prinzipien ernst zu nehmen und bei der Partnerwahl zu berücksichtigen, ehrt Gott. In **Sprüche 31** gibt die Mutter von Lemuel ihrem Sohn wichtige Anweisungen, worauf er bei der Wahl seiner Ehefrau achten soll. Dies ist eine von mehreren Abhandlungen über gottgewollte Eigenschaften bei Frauen. Ebenso gibt es Anforderungen an Männer und natürlich auch etliche geschlechtsunabhängige Anweisungen für alle Kinder Gottes.

✓ liebt Gott
✓ hat den Wunsch nach Wachstum
✓ ist respektvoll
✓ übernimmt Verantwortung

Ich lehre meine Töchter schon heute, einen Mann zu suchen, der Gott liebt und sein Wort kennt. Auch soll er ein Beter sein und der Gemeinde dienen. Die Früchte des Geistes sollen erkennbar in seinem Leben wachsen und gedeihen.

Doch achten wir vermehrt auf Eigenschaften und Eigenarten, die nicht oder nur indirekt geistlicher Natur sind. **Statt auf biblische Eigenschaften zu achten, verlieren wir meist viele Gedanken an Themen wie Aussehen, Außenwahrnehmung, Dominanz, Selbstsicherheit, Beruf etc.** Was aber bringt ein Mann, der zwar auf der Arbeit Verantwortung innehat, doch in der Gemeinde schweigt? Oder eine Frau, die sich im Fitnessstudio einen perfekten Body-Mass-Index erarbeitet hat, aber in der Gemeinde nicht mal den Kaffeedienst übernimmt?

Natürlich sind wir alle längst nicht perfekt und gerade Jungerwachsene können mit Unreife nur allzu gut glänzen. Wichtig ist aber, ob der Wunsch nach Wachstum und der Wille nach Veränderung erkennbar wird.

Bei der Partnerwahl neigen wir dazu, auf Dinge zu achten, die biblisch relativ unbedeutend sind. Wir können uns an Belanglosem stören: Da findet eine junge Frau das Lachen eines Jungen peinlich. Ihr Kleidungsstil wirkt auf den Mann zu unmodern. Eine Körperhaltung zeugt von fehlender Selbstsicherheit uvm. Statt auf solche Banalitäten zu achten, die tatsächlich mehr über uns selbst als über andere offenbaren, sind es oft die kleinen Verhaltensweisen in Alltagssituationen, die uns Auskunft über das wirkliche Wesen unseres Gegenübers geben. Steht ein Junge stets als Erster am Buffet oder schaufelt sich den Teller am Tisch rücksichtslos selbst voll? Springt ein Mädel auf Klatsch und Tratsch an und spricht lieblos über nicht anwesende Personen? Wie geht eine Person mit Mitmenschen oder ihren Eltern um? Wie reagiert ein Mann, wenn mal etwas anders entschieden wird als er möchte? Ist eine Frau gastfreundlich und freigebig oder doch eher knausrig? Solche und viele ähnliche Fragen dürfen wir uns bei der Partnerwahl durchaus stellen. Natürlich sollten wir die Menschen um uns herum nicht mit der Lupe überkritisch beobachten – schließlich gibt es bei uns selbst ausreichend viele Baustellen. Doch wenn wir in angemessener Art aufmerksam sind, können wir dabei hilfreiche Informationen für den späteren gemeinsamen Lebensalltag erhalten.

Wir müssen neu lernen, biblische Grundsätze anzuwenden und uns von Ablenkungen zu befreien. Denn der Teufel versucht, unseren Fokus zu verschieben. Wer seine Frau oder seinen Mann später wirklich liebt, der wird die Eigenarten des Gegenübers als

Alleinstellungsmerkmale schätzen lernen. Wer aber stattdessen ständig von der Selbstsucht des Gegenübers angewidert wird, braucht viel Gnade und Geduld, um die Beziehung genießen zu können.

Zerbrechliches Gegenüber

Die anfangs beschriebene Unentschlossenheit ist keine belanglose Feststellung einer ohnehin viel kritisierten Generation. Sie hat vielmehr großes Potenzial, tiefe Wunden zu reißen. Denn bei einer (neu entstehenden) Beziehung führt die anhaltende Unentschlossenheit des einen nicht selten zur Zermürbung des anderen.

Es ist nahezu unmöglich, die Zweifel des Gegenübers nicht persönlich zu nehmen. Man fühlt sich einerseits »nicht gut genug« und spürt andererseits eine starke Ohnmacht – gepaart mit jeder Menge Selbstzweifel.

Eine zu lange Kennenlernphase mit dem Motto »ich schau mal, ob Gefühle aufkommen«, ist für das jeweilige Gegenüber nicht fair – da dessen Gefühle sich in der Regel gar noch verstärken. **Man muss sich daher im Klaren sein, dass die eigene Unentschlossenheit starke negative Auswirkungen auf das Gegenüber hat.**

Nur im Herrn muss es geschehen

Bevor ich vor knapp zehn Jahren meiner Frau erstmalig meine Gefühle für sie offenbarte, studierte ich die Bibel, hörte Predigten und schnappte auch Erfahrungen anderer Glaubensgeschwister in Bezug auf das Zusammenkommen von Mann und Frau auf. Was mir damals klar wurde, erstaunt mich noch heute: Die Bibel gibt ziemlich wenige Anweisungen und betont vielmehr die Individualität statt eines konkreten Fahrplans.

In **1. Korinther 7,39** heißt es beinahe lapidar: 》》*... so ist sie frei, sich zu verheiraten, mit wem sie will, nur im Herrn [muss es geschehen].*《《 Statt genauen Instruktionen, wann man wen heiraten soll, wie das erste Treffen ablaufen sollte und welche Kriterien erfüllt sein müssen, darf die Frau heiraten 》》*wen sie will*《《. Der Nachsatz nennt dann die einzige biblische Voraussetzung, die in heutiger Zeit genauso gültig ist wie zur Zeit der Korinther: **》 *nur im Herrn.* 《** Das heißt, es soll Gottes Wohlgefallen und seine Bewilligung finden. Der Partner fürs Leben muss also gläubig sein. In der Konsequenz bedeutet dies, dass in seinem Leben geistliche Frucht erkennbar ist (vgl. Mt 7,20). Sein oder ihr Leben darf den Anweisungen Gottes nicht widersprechen.

Wenn dieses einzige, aber absolut wichtige biblische Kriterium, das auch von anderen Bibelstellen untermauert wird, erfüllt ist, darf eine Beziehung zustande kommen.

Doch ebenso muss erwähnt werden, dass der erste Teil des Verses **》 *so ist sie frei, sich zu verheiraten* 《** stark den eigenen Wunsch berücksichtigt. Ehen sollten nicht arrangiert werden, aus Gefälligkeit gegenüber Eltern oder Schwiegereltern geschlossen werden, oder weil man dem Druck, der vom Freundeskreis oder der Gemeinde ausgeht, nachgibt. Auch wenn es Beispiele für gute arrangierte Ehen gibt: Die Ehe sollte eine freiwillige Entscheidung sein. Eine Sache zwischen Gott, Mann und Frau – wobei sich auch Eltern, Freunde und Glaubensgeschwister schon oft als gute Ratgeber erwiesen haben.

Mit diesen Zeilen möchte ich gerne auch etwas Druck nehmen. Wer eine Beziehung mit einem gläubigen und hingegebenen Christen eingeht, muss kein schlechtes Gewissen Gott gegenüber haben. Und wer eine gottwohlgefällige Beziehung eingeht, kann und muss nicht alle Meinungen seiner Mitmenschen berücksichtigen. Gott lässt viel Freiheit.

Die Betonung der Individualität

Wie sollten die ersten Treffen aussehen? Muss ich zunächst ihre Eltern fragen? Sollen wir uns direkt verloben oder eine Kennenlernzeit einplanen? Diese und viele andere Fragen bohren in vielen Verliebten.

Wer hier die Bibel durchblättert, um konkrete Antworten zu finden, wird lange suchen müssen.

In **Sprüche 30,18-19** heißt es:

》*Drei sind es, die zu wunderbar für mich sind, und vier, die ich nicht erkenne: der Weg des Adlers am Himmel, der Weg einer Schlange auf dem Felsen, der Weg eines*

Schiffes im Herzen des Meeres und der Weg eines Man-nes mit einer Jungfrau. »

Obwohl die Anwendung dieses Verses unterschiedlich interpretiert wird, wird der letzten Aussage über den » *Weg eines Mannes mit einer Jungfrau* « definitiv etwas Geheimnisvolles und Wunderbares zugeschrieben. Weder der Adler am Himmel noch die Schlange auf dem Felsen oder das Schiff auf dem Meer hinterlassen nachvollziehbare Spuren oder Fußabdrücke. Auch der Weg eines Mannes zu einer (Jung-)Frau ist schwer zu rekonstruieren und bleibt geheimnisvoll und individuell. In der Bibel lesen wir von vielen unterschiedlichen Ehen, die auf unterschiedlichste Weise zustande kamen. Ein wiederkehrendes Muster? Fehlanzeige. So bleibt jedes Entstehen einer Beziehung unter göttlicher Zustimmung ein Wunder.

Und dennoch: Wenn sich eine Vorgehensweise bewährt hat und man einen hilfreichen Ratschlag bekommt, darf man diesen gerne ernst nehmen. Es entspricht dem göttlichen Willen, dass wir uns Ratgeber suchen und deren Rat miteinbeziehen **(vgl. Spr 12,15)**. So kann beispielsweise eine Beziehung durch die vorherige Zustimmung der Eltern an Stabilität, Harmonie und

Sicherheit gewinnen. Andererseits gibt es auch Beispiele von Eltern, die einer Beziehung aus fadenscheinigen Gründen nicht zustimmten. Man merkt also, dass die jeweiligen Umstände (hier: das geistliche Urteilsvermögen der Eltern) berücksichtigt werden müssen und Gott deshalb auch bei diesem Punkt bewusst Freiheit gegeben hat.

So gibt es heute die unterschiedlichsten »Liebesgeschichten« von glücklich verheirateten Eheleuten. Solche, die sich schnell verlobten sowie solche, die zuvor eine längere Kennenlernphase durchlebt haben. Die, welche als junge Studenten heirateten sowie die, welche erst »ihr Feld bestellten« …

Dass Gott einerseits in der Bibel sehr viel Aufmerksamkeit auf seltene Spezialthemen lenkt (z. B. Götzenopferfleisch oder Verzeichnung der Witwen), er sich dann aber zu diesem wichtigen Thema nur kurz und knapp äußert, muss also einer bewussten Absicht unterliegen: Gott lässt uns eine erkennbare Freiheit, während er sich gleichzeitig vorbehält, ganz konkret und individuell einzugreifen.

Es gilt also: Wer in einer engen Beziehung mit Jesus lebt und Gottes Willen auch beim Thema Ehe sucht, darf Gott vertrauen, dass er sich auch diesem Anliegen annehmen wird. Doch Gottes Handeln ist uns oft verborgen und seine Führung und sein Zusammenfügen **(vgl. Mk 10,9)** oft erst hinterher erkennbar. Es bleibt also letztlich eine Frage des Vertrauens in Gott und seine geoffenbarten Prinzipien.

GANZ PRAKTISCH:

Vor der Partnerwahl sollte man sich unbedingt die Zeit nehmen und sich ehrlich anhand der o. g. Gesichtspunkte prüfen. Vielleicht kann man bei einem Spaziergang oder mit Zettel und Stift seine tatsächlichen oder möglichen Motive und Gedanken notieren – am besten unter Berücksichtigung aller Aussagen der Bibel und mit viel Gebet. Auch kann man konkret oder ohne die

Nennung weiterer Informationen andere reife Christen ansprechen und deren Rat und Gebet erbitten.

Fazit:

Dem aufmerksamen Leser ist aufgefallen, dass bei der Entscheidungsfindung vielmehr unsere Motive und verborgenen Absichten beurteilt werden müssen als die Umstände. Es ist nicht so schwierig, Gottes Willen wirklich zu erkennen, wenn wir nur bereit und offen dafür sind. Die Bibel, das Gebet und die passenden Ratgeber sind wesentliche Bestandteile einer erfolgreichen Entscheidung. Wenn uns bisher der Prozess zur Entscheidungsfindung schwergefallen ist und uns viel Kraft, Zeit und Nerven kostete, dürfen wir nun den großen Wert darin erkennen. Wir haben ganz konkret die Möglichkeit, Gott unser Vertrauen zu beweisen und dürfen mutig einen Schritt vorangehen. Gott überträgt uns Verantwortung, wenn er uns vor Entscheidungen stellt. Wenn unsere Absichten mit der Bibel und Gottes Willen übereinstimmen, brauchen wir uns nicht zu fürchten. Dann werden uns auch Fehlentscheidungen nicht aus der Bahn werfen. Gott wird uns keine Schlange geben, wenn wir um Fisch gebeten haben **(vgl. Lk 11,11)**.

Jakobus 1,5: ›› *Wenn aber jemand von euch Weisheit mangelt, so erbitte er sie von Gott, der allen willig* *gibt und nichts vorwirft, und sie wird ihm gegeben werden.* 》》

Die Bibel spricht heute noch aktuell in unser Leben. Sie beantwortet auch die Fragen einer überforderten Generation. Wenn wir Angst davor haben, eine Entscheidung zu treffen, dann dürfen wir uns an die Aussage aus Gottes Wort klammern: 》》 *Fürchte dich nicht!* 《《 Vielleicht ist dieser Zuruf auch deshalb der häufigste Satz der Bibel, weil wir Menschen grundsätzlich dazu neigen, eher furchtvoll zu erstarren, als couragiert zu agieren.

Lasst uns mutig werden, Furcht ablegen und endlich wieder Verantwortung für unsere Entscheidungen übernehmen.

Josua 1,9: 》》 *Habe ich dir nicht geboten: Sei stark und mutig? Erschrick nicht und fürchte dich nicht! Denn der HERR, dein Gott, ist mit dir überall, wohin du gehst.* 《《

Endnoten

[1] Meyno Alida Mijnders-van Woerden: *Gladys Aylward, Die Frau mit dem Buch* (CLV: Bielefeld, 2008), S. 35.

[2] William MacDonald: *Trachtet zuerst ...* (CLV: Bielefeld, 2003), S. 34.

Andreas Fett

BEVOR DU BAGGERST

Hinweise zum Umgang mit dem anderen Geschlecht –
Zwischen Versuchung und Verantwortung klarkommen

Heft, 64 Seiten, ISBN 978-3-86699-123-1

Wichtig und wegweisend für Teenies und Jugendliche!

Ansprechend gestaltet, offen und leicht verständlich geschrieben gibt es in dieser aktuellen Veröffentlichung hilfreiche Hinweise zum Umgang mit dem anderen Geschlecht, um mit Versuchung und Verantwortung klarzukommen.

Es geht z. B. um nerviges »Balzgehabe«, »Jagdfieber«, Annäherungsversuche und dann doch wieder Rückzieher ... und um die Frage: Gibt es wirklich »Flirt without Dirt«?

Dieses Taschenbuch ist die Mitschrift eines Vortrags auf einem Jugendtag. Der lebendige Vortragsstil wurde bewusst beibehalten.